A Picas Series Book
2003

Wells of Light

Fernand Ouellette

Exile Editions TORONTO
2003

This edition is published by Exile Editions Limited,
20 Dale Avenue, Toronto, Ontario, Canada M4W 1K4

Sales Distribution:
McArthur & Company
c/o Harper Collins, 1995 Markham Road
Toronto, ON M1B 5M8
toll free:1 800 387 0117
1 800 668 5788 (fax)

Composed at *Moons of Jupiter*
Cover Painting by *Michael Callaghan*
Printed and Bound by *Gauvin Imprimerie*

The publisher wishes to acknowledge the assistance toward publication of the Canada Council and the Ontario Arts Council.

ISBN 1- 55096-563-8

Contents

I

Poèmes 1955-1981 Poems

II

Les heures 1987 The Book of Hours

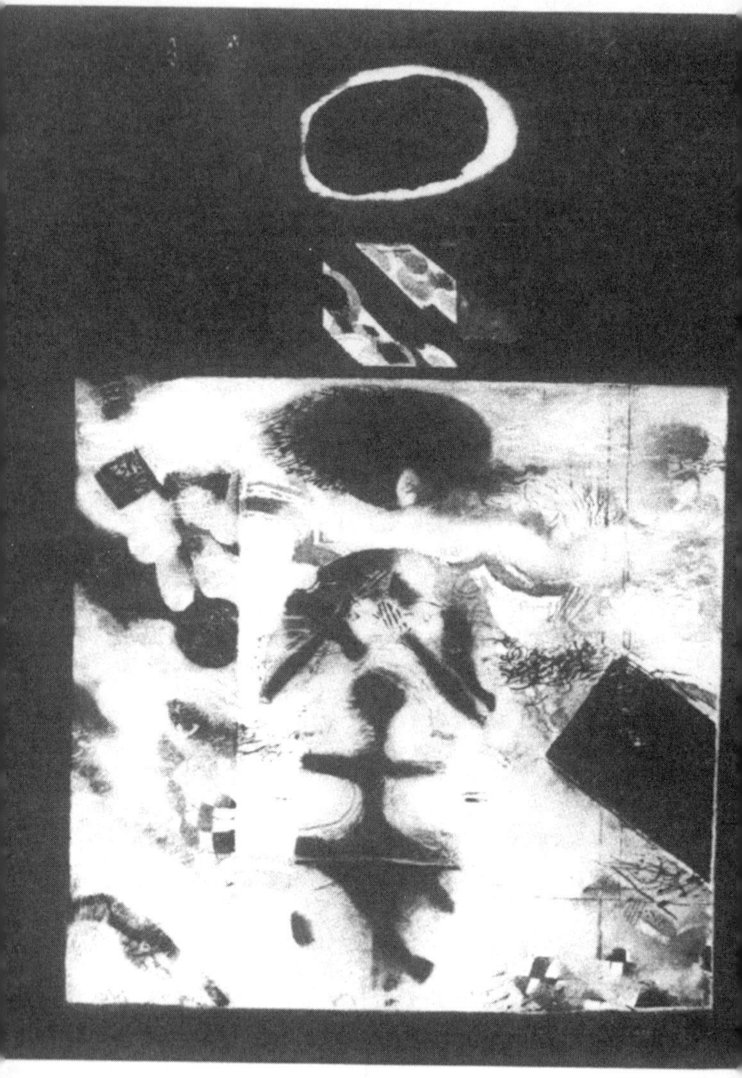

I

Poèmes 1955-1981 Poems

from

Ces anges de sang 1955

Le soleil sous la mort 1965

Dans le sombre 1967

Ici, ailleurs, la lumière 1977

À découvert 1979

En la nuit, La mer 1981

L'alouette

à Neige et Robert

Chaos de granit piégé par le vent,
tiré au-dessus de la mer
par l'hécatombe des oiseaux qui s'offrent:
de l'émeraude tout émerge!

N'étions-nous suspendus
par le fil du dérivant désir,
ancrés par le vertige,
violentés par le bleu et l'écume?

Très haut vibrait l'alouette,
noyau de sons, échos de Ventadour.
Clair, le chant ouvrait l'espace,
comme la rose de temps
qu'ose dénouer la solaire cadence.

Mais sur nous telle une morte
elle retombait avec ses éclats
ses lambeaux de ciel au bec.
(Ainsi foudroie l'infini et se désaccorde-t-il.)

The Skylark

for Neige and Robert

Snarled granite snared by the wind,
drawn above the sea
by the slaughter of sacrificial birds:
everything emerges from the emerald!

Weren't we hung
by the thread of drifting desire,
anchored to giddiness,
battered by blueness and foam?

The fluttering lark soars,
kernel of sound, echoes of Ventadour.
Keen, the song split space
as solar cadence dares undo
the rose of time.

But it tumbled toward us
like death with shreds of light
and tattered sky in its beak.
(Thus the clap of infinity untuned itself).

La flûte

à Sylvie

La tête qui porte la flûte
jamais n'est trop altière.

Par ton souffle le monde appelle,
et depuis l'âme le silence feuille.

Par toi fulgure le son premier
de l'oiseau premier qui dressa l'arbre.

Le soleil même aurait percé la tige
pour les lèvres tendues vers sa lumière.

Le roseau a pris vie en la pierre.
Les dieux ont évoqué l'argent et l'or.

Quand tu lèves la flûte, la mort s'enroule,
troublé le serpent tournoie ...

The Flute

for Sylvie

The head bearing the flute
is never too haughty.

Through your breathing, the world beckons
and silence sprouts from the soul.

Through you the first flaring sound
of the first bird to trim a tree.

So the sunflower drilled the stem
for your lips drawn to its light.

The reed caught life in stone.
The gods conjured silver and gold.

As you lift the flute, death twists,
the troubled serpent twines ...

L'oiseau noir

L'oiseau noir en l'arbre immobile ...
qui n'aurait cru qu'il se fermait?
telle une pensée vive
inaccessible en sa sphère close.
La neige pesamment enveloppante,
plus nocturne que la nuit
plus dure que le jour,
le taillait ainsi que notre âme.

Dans un éclair à rendre sombre
totalement ce qui neigeait
et recelait l'éclat,
ses ailes se sont déployées
comme inspirées,
le corps ouvert s'est élancé
dans un bruissement que le ciel
a porté jusqu'au soleil invisible.

The Black Bird

The black bird, stillness in the tree ...
you'd think he was sealed shut,
like a thought
in its closed circle.
The enveloping wet snow,
more nocturnal than night,
more harsh than day,
also shaped our soul.

In a darkness flash, blotting
the reflected light
and snowfall completely,
it spread its wings
as though inspired,
its candid body catapulted
with a whistling borne by the sky
to the sun.

50 Megatonnes

Sous le globe, au bout d'un fil,
PAQUES
en vain apprivoise la froidure.

O la cantate du blé où
se lève un jour
de mots noirs.
Avec des gestes d'ours,
tourne l'ange
autour de l'aube.

Les vierges à mi-infini délirent
la nuit aux dents.

Face au
miroir,
l'esprit
flambe.

Cours ô funambule sur la corde en givre!
La soleil se tait
L'atome se suicide.
L'éternité
se détache
de l'homme.

50 Megatons

Under glass, tethered to a thread,
EASTER
cannot curb incuriosity.

O cantata of wheat
where black words
break at dawn.
Like a shuffling bear, the angel
rotates
around the sunrise.

Inching infinity of raving virgins
night between their teeth.

Aflame,
the spirit
confronts
the mirror.

Run o tightrope walker along your spine of frost!
The sun espouses silence
The atom suicide.

Eternity
severs itself
from man.

La balance

Tes yeux,
lunes ou soleils étonnés,
sont la balance du temps.
Ta franche lumière, ô pupille,
présage la mer qui monte.

Une fraîcheur précède ta courbe,
ainsi qu'une brise accorde
l'innombrable dans la plaine,
le jaune avec le blanc,
le merle et l'abeille.

Balance

Your eyes,
astounded moons, suns,
are time's scale.
Your sluiced light, o pupil,
presages the swollen sea.

Coolness precedes your curvature,
thus a breeze blends
the countless in the flatlands,
yellow with white,
blackbird and bee.

Citernes de soleil

Un silence de sang trempé
de sentiers glacés profondément sillé
et au loin, très loin
        au couchant des tunnels
le pays des citernes de soleil submergées,
comme une ébauche de ces temples de cristal
comme un rivage sous les pluies d'aube lisses
doux rivage par ce lent visage des palmes
dans la tiède haleine des colombes plus fraternel.

Et tout fasciné de légendes
avide de pouvoirs jadis mutilés
j'ai bêché fiévreusement les tombeaux
et d'horizon berceau j'ai rêvé rêvé
au tréfonds des volcans,
mendiant la destruction des tunnels et des citernes
la belle possession.
Hélas! le tunnel est gouffre de chair
et massive la chair comme ces massifs de nuit
ces massifs de lambeaux labourés
        et d'orgies du vertige
        et de soifs sans racine.

Cisterns of Sunlight

A silence of swabbed blood
deep drills in trails of ice
and a long way off, long
    in a dusk of tunnels
the land of cisterns of submerged sunlight,
like an etching of these crystal temples
like a levee under dawn's sleek drizzle
gentle bank beside this poised portrait of fronds
so brotherly in the lukewarm breath of doves.

And spellbound by legends
coveting powers long since maimed
I madly dug up tombs
cradling a horizon I dreampt, dreampt
in the core of volcanos,
mendicant at the collapse of tunnels and cisterns
the lovely seizure.
Alas! the tunnel is a trench of flesh
and the flesh dense as dunes of night
these dunes tattered and plowed
    and orgies of giddiness
    and rootless thirsts.

Le matin

Le matin sans apprêt
lisse ta fatigue.
Ton visage se calme,
telle une eau murmurante
qui devient miroir

Une autre fois tu te retrouves en marge,
mot oublié
que le réel envahit.
Quittant son versant,
lentement la nuit tombe de ton corps,
et lave tes ombres,
arrache tes cauchemars.

À peine nocturne tu abordes
la fenêtre, sans ouvrir la parole,
comme on rejoint la lisière du monde
en plein espace où les arbres s'assemblent.
Acceptant la lumière,
tu reçois le pinson,
et l'onde puissante
par la grive au sol.

Vers moi tu t'avances,
me donnes la mer
dans un éclat de tes lèvres.

Morning

The guileless morning
strokes your fatigue.
Your face stills,
as murmuring water
becomes a mirror

Finding yourself on the fringe again,
faded word
invaded by reality.
Leaving its slope,
night slips off your body,
and rinses your shadows,
extracts your nightmares.

Barely nocturnal you berth
by the window, not opening the word,
as one returns to the edge of the world
in a clearing of gathering trees.
Accepting light,
you are given the finch,
and the sounding wave
by the grounded thrush.

You come toward me,
proffer the sea
in a detonation of lips.

Ouï-dire

La rudesse d'une soie ...
Pierre et fleur de scellante,
cette femme que teint l'hiver.
Serais-je en mort sous elle
frappé comme un soleil lige?
Croît le pouls depuis la source.
Un coeur crayeux d'appels m'assaille
jusqu'au bleu disjoint:
voile d'ombre et d'écailles,
sommet de l'ouï-dire.

Hearsay

Coarseness of silk ...
Stone and flower bonded,
this woman winter dyes.
Could I have died under her
clapped like an attendant sun?
The wellspring's pulse grows.
I'm beset by the bleating of a chalk heart
deep as disjointed blue:
veil of shadow and scales,
height of hearsay.

Dérision

Le colibri ne ventile nos âmes,
coccinelles qui se gonflent
se globent: ô poussières
ô planètes.

Dans une spirale,
trace bleue,
tout autour la mort tourne.
Enfin se fissure le ciel et chute
dans un fracas d'ailes.

La comédie finira bien ...
Le soleil sera froid de silence.
Comment s'envolera le dernier homme?

Quand les taupes plus patientes
ouvriront la terre à la mer?

Derision

No hummingbird fans our souls,
ladybirds inflating into
globes: o dust
o planets.

Spiraling,
blue streamer,
death revolves around us.
Finally the skies split and cascade
in a clash of wings.

The comedy will end comfortably ...
The sun will shiver in silence.
How will the last man swoop off?

When will steadfast moles
open the land to the sea?

Le couple

Avant de te visiter ô mienne et unique,
je suis l'aveugle de Brueghel touchant l'aveugle.
Je n'arrive plus à débusquer les sons clairs
qui allongent l'espace par devant mon ombre.

Un, nous accédons à la fusion de l'oeil
à l'originel,
qui nous permet de voir toute pensée
toute plénitude,
de refaire toute forme depuis l'immémorial,
d'ajouter notre monde
comme la tige fait sa fleur.

Quand je reviens vertical,
je m'éteins contre le vide,
je rentre dans le cercle où l'on m'abolit.

Ni Dieu ni la mer ni ma vie
ne m'arrachent du néant où je m'effrite,
quand je suis coupé de ton être,
quand je ne suis plus *un*.

The Couple

O my one and only, before visiting you
I am Breughel's blind fingering the blind.
I can't begin to uncover the clear sounds
that distend space before my shadow.

One, our eyes actually fuse
in the primal,
so that we seize each thought,
all amplitude,
and remake moulds immemorial,
increasing our world
as the stem creates its flower.

Vertical once more,
I annul myself in the abyss,
returning to the circle where I am canceled.

Neither God, the sea nor my life
roots me out of the rut of erosion,
when I'm cut from the core of you,
when I'm *one* no more.

Navigation

Le mot, par la sente,
foudroyant de mort.
Passent les flammes
si fines par le pan des cils.
Là-bas l'attise le regard
quand il porte le bruit
au point d'incandescence.
Nul accueil, nul retour.
Comme un cri, cette navigation
dérive, désespère
et s'épand dans la brume.

Navigation

The word, on the trail,
crackling with death.
Such sheer flame
slips through skylashes.
Somewhere the eye stokes it
stirring noise to the point
of incandescence.
No call, no recall.
Like a cry, this navigation
drifts, despairs
and disperses in the fog.

Les morts

On aurait cru qu'ils portaient
fine flûte à leurs lèvres
pour bien se lier aux cristaux
dans l'espace de l'éclat ...
Mais nul n'a cure du solaire.
Ils s'enterrent précocement
en léguant leur grisaille
comme s'ils déchiraient l'ailleurs
de la mer palpitante,
offraient l'alouette et l'air.

Pour maître ils suivent
tout ce qui les précède:
crapaud, vache, moineau.
L'érable gronde son attente?
Le sapin évoque le fabuleux silence?
Qu'importe!
Ils ne se donnent qu'au bruit:
automobile, monnaie rutilante.

À ras de nez,
qui se soucie de parole?
(Flairer pourrait permettre
la plénitude?)
Ainsi leur œil s'est rompu au mensonge,
leur main
à l'araignée,
leur âme à la glu.

The Dead

You'd have thought they were lifting
a splendid flute to their lips
bonding themselves to crystals
of spatial radiance ...
But no one tends the sun.
As living dead, they deed
us their drabness
as if they were rending the ineffable
from the quivering sea,
proffering the air and the lark.

As master they follow
whatever precedes them:
toad, cow, sparrow.
Does the long-suffering maple complain?
The fir imply fabulous silence?
What does it matter!
All they care about is noise:
car, the sheen of coin.

What good are words
when everything's under your nose?
(A whiff affords
fullness?)
So their eye adapts to the lie,
their hand to the spider,
their soul to bird lime.

Lac Léman

Léman disjoint le sang et les cimes
au loin si claires si primordiales.
À Montreaux le paysage s'est retourné,
recouvert par mon propre paysage
fondant la femme et l'eau.

(S'affinent mes membres se reposent
dans l'espace qui se propage.
Aveugle je regarde fixement les Alpes
fixement l'innommable.)

Léman me permet encore de vivre,
de ne pas me rompre contre les hauts versants.
Léman, toi ma femme tant aimée,
si près des neiges que le soleil fascine.
Mon paysage lentement s'est expliqué.
Que la montagne a tremblé pour mieux m'atteindre
Mais je m'enclos
en cette mienne mort,
avec les premiers signes
d'un passage qui s'ouvre.

Lake Léman

Léman severs blood and peaks
so clear so primordial in the distance.
In Montreux the scenery rebounds,
covered by my own landscape
melting woman and water.

(My limbs rest refining
in the self-perpetuating sphere.
Blind I stare at the Alps
stare at the unnamable.)

Léman still lets me live,
to avoid shattering on steep slopes.
Léman, my beloved woman,
so close to snows fascinated by sun.
My landscape slowly clarified.
How the mountain trembled trying to touch me!
But I enclose myself
in this my death,
with the first signs
of a widening passage.

Ce soir

Je trébuche contre les rayons.
Comme les avenues sont closes!
La nue d'outre-monde pourtant
recèle au creux l'allégresse.
Ce soir, rien ne passe en elle
tant la nuit elle renferme.
Le marais nous entoure,
la brume nous accompagne.
(Mes désirs ont-ils séché
à suivre des lueurs de langage?)
Puissent nos corps se joindre
tendrement aux abords de l'âtre!
Que la neige nous bleuisse
avec son poids de silence.
Notre âge en nos âmes
se laisse broyer.

Evening

I stumble against sunlight.
Aren't the avenues closed!
However, the cloud beyond life
harbors joy in its hollow.
This evening, she's impenetrable
she so confines the night.
Marsh surrounds us,
mist keeps us company.
(Have my desires dried up
lured by the flicker of language?)
May our bodies be tenderly
twined near the hearth!
Let snow turn us blue
under weight of silence.
Our age gives way
to a grinding in our souls.

Sanglots d'ailes

à Pierre-Jean Jouve

Nos très noirs sanglots d'ailes
au rouge printemps de la foudre se nouent en vain
il y a mort de soleil à la source du jour
mort de lumière profonde en l'élan de l'oeil
Et remonte la mémoire le brouillard de neiges tristes
et coupent de leurs racines la vie mince
les pousses de joies reniées
Nos très noirs sanglots d'ailes
en plongée contournent la fumée d'un ange montant
il y a mort d'infini sous la pierre des paupières.

Keening of Wings

for Pierre-Jean Jouve

The jet black keening of wings
splicing itself to thunder's red spring
the sun is dying in the day's wellspring
depths of light dying in the flicker of an eye
And memory quickens the mist of morose snows
the tender shoots of joy denied
and prunes full life at the roots
The jet black keening of wings
stooping around an angel's spiraling smoke
infinity is dying under eyelids of stone.

La table de Pierre de Brancusi

à Jean-Paul Jérôm

Tout le ciel vient vers le silence
et s'arrête.
À l'entour lent de la pierre
sont conviés les invisibles.
En elle parfois le grain résonne.
Muette comme un lever de jour
ta main naissante a dessiné le cercle
où se brûle ton regard.

Brancusi's *Stone Table*

for Jean-Paul Jérôme

The whole sky hones in on silence
and halts.
The unseen are invited
around the lingering stone.
Sometimes seed resounds in her.
Silent as sunrise
your nascent hand has drawn the circle
where your eye burns out.

Esquisses

Or la lumière s'élance
comme un dieu s'use en se répandant;
pousse de rudes ombres
que l'âme et le nuage à l'affût
épongent aussitôt.

Ainsi l'homme s'embrase à la joie dure
d'un feu natal d'une folie parlante,
mais se retire muet en sa nuit de muscles,
maîtrisé par le sang
et la pression du froid.

Rough Sketches

So the light lifts off
as a dispersing god depletes;
a sapling of coarse shadows
that the stalking soul and cloud
sponge immediately.

So man lights up to the solid joy
of babbling folly's newborn fire,
but retires mute in his muscles' night,
conquered by blood
and the cold's stamp.

Tombeau de Jouve

La voix qui ouvrait le coeur
en lui s'est tue.
Ni les glaïeuls ni le bleu
ne l'éveilleront.
L'entourant même, bienveillant,
le ciel s'éteindrait.

Poitrine plus vide
n'a mieux chassé l'air
qui appelait la parole,
la formait, la brûlait.
Ainsi montaient les oiseaux de sa bouche
avec des plumes de flamme,
tandis qu'au loin ils emportaient l'arbre.
Ainsi se tendait la terre
en la sonorité profonde
de feuille, d'or et de voyelle.
Mais la nuit s'est alourdie
où coulait le sang léger
(comme fraîchement nourri par Dieu).

Jouve's Tomb

The voice prising his heart
has silenced itself.
Neither azure nor gladioli
can rouse him.
Benevolent, the surrounding sky
left him darkling.

No hollower breast
has better flushed
the air that summoned speech,
moulded it, fired it.
Thus birds sprang from his mouth
on feathers of flame,
while they bore the tree far away.
Thus earth tuned itself
to the deep sonority
of leaf, gold and vowel.
But night's grown leaden
where quick blood ran
(as if freshly fed by God).

Demain

La vision d'hier se frappe
comme la mouette contre falaise.
Nous violente la grisaille
si infiniment abrupte,
pensée morte sur le monde,
varech en pourrissement,
mur qu'aucune aile n'a franchi.

De l'odeur la rose se dépouille,
des hautes clartés l'oeil se détourne.
Il n'y a plus de temps que vertical
de mer que noire où prolifèrent les ombres.

Demain viendra la verdure
par poussées de mousse sur la pierre
par secousses d'écorce et de pousses
d'où le ciel de feuilles flambera.

Tomorrow

Yesterday's vision strikes
like a gull against the cliff.
Grayness assaults us
so infinitely abrupt,
thought dead on the world,
rotting kelp,
wall no wing has cleared.

The rose strips itself of scent,
the eye shrinks from high clarity.
There is only vertical time,
only black sea where shadow multiplies.

Tomorrow greenery will come
by sprouting moss on stone
by shocks of bark and saplings
so the sky will ignite with leaves.

Les prés

Le monde a-t-il basculé
quand l'été toucha ce qui respire?
Extrême, désespérée,
parfois la poussée emporte la forme,
les morts foisonnent sous les prés
les ombres si près des marguerites.
Tout ébloui,
le grand arbre se referme.

Meadows

Did the world tumble
as summer brushed all breathing things?
Dire, desperate,
all too often surge uproots form,
the dead swarm under meadows,
shadows nudging daisies.
Dazzled,
the great tree infolds.

Nid vide

Langage de nid vide
sur la branche glacée.
Tout souffre de neige éteinte.
Ce coeur ne sait plus se secouer de son mal
quand il quitte la vision vive,
la vigile auprès de l'absence.
Comment presser le sang noir
des dieux retournés?
Peut-être que la douleur de l'air
croît depuis la racine de l'arbre?
N'ai-je appris qu'à mal mourir,
sans parvenir à porter
le temps patient d'une saison?

Je m'enveloppe d'oiseaux blancs
(comme on se couchait sous le soleil),
les pépiements pourtant ne m'avivent.
Naguère je cheminais avec les feuilles
(qui ne se souviendrait de ces jours?)
les laissant pousser de ma chevelure
de mes mains malhabiles.
Or tout éclate avant de naître ...
Si le thorax semble accueillir
la voix n'affleure,
les os se soudent.

Empty Nest

Language of empty nest
on the frozen branch.
Everything suffers subsiding snow.
This heart no longer knows how to shed hurt
when it leaves the vibrant vision,
the lookout hard by absence.
How to compress the black blood
of reverted gods?
Perhaps the air's pain
grows out of the tree's root?
Did I only learn to die badly,
unable to bear
a season's patient time?

I wrap myself in white birds
(the way we used to lie under the sun),
but even chirping can't revive me.
Not long ago I wandered with leaves
(who could forget those days?)
letting them sprout from my hair
from my clumsy hands.
Well, before it's born everything bursts...
If the thorax seems welcoming
the voice levels off,
bones solder themselves.

Pointe III

à Miodrag Pavlović

La *Belle Ferronnière* est enclose.

On ne revient pas
de l'être sous l'amour,
du coeur criblé par les oiseaux.
À peine le regard vient-il de surprendre
tout autour le travail de la nuit.
L'âme est piégée.
Le fil noir tranche une telle nudité!
Certaine folie approche
quand le ciel enserre.
Le partage commence.

Point III

for Miodrag Pavlović

The *Belle Ferronière* is enclosed.

We never return
from the love-driven creature,
from the heart riddled by birds.
The eye has barely seized
night's work all around.
The soul is snared.
Black thread slices such nakedness!
Certain madness closes in
under the hemming sky.
Sharing begins.

Le tableau

Visage lentement ouvert
mais avec un fracas de cire au pourtour,
un soleil d'eau dans les parages.
Son âme se mut telle une forme de sable
bien pensée, bien jouée par le sourire.
La mer entière se leva auprès de la table,
à Vence ravissant
le doux tableau affiné par la mort.

The Painting

Slowly budding face
but bordered by a crash of wax,
a water sun in the sea lanes.
Her soul stirs like a well-conceived
sand shape, well-played by the smile.
The whole sea rose near the table,
in delightful Vence
the subtle painting polished by death.

Ton dos

La lumière prend ton dos
comme elle accorde le sable.
Temps blanc de silence,
fête à brunir le visage ...
C'est un lever clair de mer
si tendre et profond
que tout mon mal se retourne.
Voici que l'esprit te lisse
et t'attire l'hirondelle.

Your Back

Your back held by light
as it tunes sand.
White time of silence,
face-browning feast ...
It is a clear sea swell
so tender and deep
that all my hurt turns inward.
And now the spirit eases you
enticing swallows to you.

Ma femme

Quand le soleil m'enchaîne
ces jours d'orange en déclin,
et que je penche vers mon ombre,
dernier recours de ma présence:
le bandeau de la peine
me scelle la pupille,
et suis comme l'enfant
que le désir fuit à reculons.
Le sang doit forcer l'opacité,
le ruisseau bleu la glace.
Que de murs étrangers
entre le coeur radieux
et l'espérance rampante!
Ma femme me tient en elle,
comme elle tient la terre,
avec le bercement ferme
de la marée tenace.
Et lorsque le dernier rayon
a franchi l'autre monde,
près de l'horizon elle s'élève
en me tirant de la ténèbre.

My Woman

When the sun strings me
those orange days in decline,
and as I lean into my shadow,
last resort of my presence:
the blindfold of sorrow
seals my pupil,
and I'm like the child
deserted by desire.
Blood must drive opacity,
the stream blues the ice.
How many foreign walls
between the radiant heart
and cringing hope!
My woman contains me,
like she holds the earth,
in the steady rocking
of the tenacious tide.
And where the last beam
breaks across the beyond,
she rises near the horizon
hauling me out of darkness.

Aujourd'hui

Lisse hier la mer
contre la falaise se ferme.
Le bleu
s'embourbe.
Le porc frotte son groin
sur les hauts paysages.
Toutes passerelles s'écroulent!
Aujourdhui quel abîme
entre mon oeil et le ciel de lucioles!
Le soleil se perd dans les ravins.
L'ancienne dame de l'amour
à jamais paraît traquée.
Dans le parc le bourreau rêvasse,
caressant l'herbe avec l'ongle.

Today

Yesterday's smooth sea
closes against the cliff.
Blue
sticks in the mud.
The pig scratches his snout
in the high country.
All footbridges collapse!
What an abyss today
between my eye and the firefly sky!
The sun gets lost in ravines.
The olden lady of love
seems run to ground forever.
The executioner daydreams in the park,
nudging the weed with his nail.

Instantané

Hors du visible
à peine on respire
que nous touche à mort
le moindre merle.
Comme si l'oiseau qui marche
sous lui sentait le feu,
la force des racines,
la parole quittant le langage.
Ce matin sur la mer,
à peine il éclate!
que l'étouffe même l'espace ...
Trop près se tient la terre.

Sudden

Beyond the seen
we barely breathe that
the merest blackbird
holds the death hand.
As if the walking bird
felt fire beneath him,
the power of roots,
the word leaving language.
This morning on the sea,
he barely bursts!
so that even space smothers him ...
The earth stands too close.

L'étau

Le bruissement de la mémoire,
ainsi qu'une secousse de feuillages,
quand la tête est bien close.

Invisible sur les souvenirs
la pluie s'abat par le vent pressée.
De haut en bas la fine déchirure,
écarlate et noire,
vibrant aux mouvements secrets
de la mort, de l'infini.

Ô le passage soudain
de la musique inaudible
avec sa résonance solaire!
Et pourtant la vie!
mieux imprégnée de terrestre,
depuis l'été à jamais irradiant,
n'a pas perçu le mur
tant le lierre y abonde
et rougissent les roses
les soleils en naissance.

La plainte vive,
étau alentour du corps,
m'emporte quelquefois.
Par la vallée descend le regard
vers la mer si puissamment cristalline.
En elle doit s'engouffrer le désir.
Elle seule semble assez ancienne
pour que la nuit s'y perde.

The Vice

The rustling of memory,
like a shudder of leaves,
as the head is shuttered.

Unseen in the mind's eye
the driven rain beaten by the wind.
The length of the clear rip,
scarlet and black,
trembling to the secret motions
of death, of infinity.

O the sudden cadenza
of inaudible music
in its solar resonance!
And yet life!
fully inseminated by the earth
irradiant forever after the summer,
hasn't seen the wall
abounding with ivy
and budding suns
redden the roses.

The piercing wail,
the body in a vice,
sometimes sweeps me away.
Down the valley the eye inclines
towards the sea so very crystalline.
Desire must be swallowed in her.
She alone seems so ancient
the night could lose itself in her.

Géologie

à Jean

O le tremblement du corps,
quand la vie trop vive et blonde
buta contre mort,
                                        la mate,
l'espace de glaise.

Peu à peu
                        les poreuses
les paumes noircies à brunir le silence,
ce sont remplies de blanc,
de jour à jet de blé.

L'air connut alors
                                        ce cri à naître
qui soudain fulgure
                                        et fend la pierre
comme un ange.

Le sang
                        doucememt
                                                    aima la chair.

Et les membres montèrent en plein matin,
à perte de feuilles et d'oiselles.

Le soleil se hissait à l'homme.

Geology

for Jean

O the quaking in the bones,
as life astir and blond
butts into death,
                    checkmate,
in the clay scape.

Bit by bit
            porosity
the palms black from burnishing silence,
heaped handfuls of white,
wheat sprouting daylight.

Then air knew
                  this nascent cry
that suddenly flares
                  and cleaves the rock
like an angel.

Blood
        slowly
              avid in the flesh.

And the members arose in the morning shine,
losing sight of leaves and lady birds.

Sun hauled itself to man's height.

II

Les Heures 1987 The Book of Hours

from
Les Heures 1987

•

Il s'épuisait
à capter le ciel.
Comment ne pas rêver
à la lente dérive
de l'oiseau?
Mais que la chair
était lourde et sans lueurs!
Même en se liant aux arbres,
aux images anciennes
encore éclairantes ...
De longs moments,
c'était la stagnation,
le marais où les mots
en vain se remuaient.
D'autres paysages se formaient
qui le rendaient
de plus en plus étranger
à ses désirs ...
Ses pauvres efforts
qui n'auraient pu réussir
à le tenir hors de l'épaisseur.
Il s'égarait dans l'osseux
et la nuit.
Etait-il encore un homme,
lui que son corps expulsait?

•

He was wearing himself out
trying to stem the sky.
Who wouldn't want to muse
on the bird's
slow drift?
But the flesh is so leaden
and lusterless!
Even conspiring with trees,
or ancient,
ever enlightening images ...
There were sustained moments
of stagnation,
a swamp where words
buzzed in vain.
Other emerging landscapes
left him
more and more alien
to his desires ...
His feeble attempts
at staying outside density
were doomed to fail.
He wandered in boniness
and night.
With his body evicting him,
was he still a man?

•

On pouvait
le contourner
comme sa propre épave
prochaine.
Ou mieux,
nous assigner
les consolations.
Mais qui savait
le code
de la débâcle?
Lui-même
ne se pliait-il pas
à ficeler les faux
espoirs
des yeux,
des voix
qui le creusaient davantage?
Presque dédoublé,
ne s'abandonnait-il
aux brèches
du corps
qui s'était cru
immortel?
Tout était chagrin
en désordre,
et panique.
Tout était mensonge.
On jouait à ne rien savoir.
Comme si ses jours
n'étaient pas
noircis d'absences.
On dissimulait les signes,
soupesait son temps.
En somme,
chacun de nous,
avec son être disjoint,
et mal initié à l'obscur,
au dédale,
se préparait
à lui voler
sa mort.

•

We could
steer around him
like a shipwreck
to come.
Or better,
offer consolation
to ourselves.
But who knew
the code
of collapse?
Didn't he too
stoop to spinning
false
hopes
out of eyes,
voices
that simply cut him deeper?
Nearly doubled,
wasn't he yielding
to fissures
in a body
once so sure
of its immortality?
All a shambles
of sadness
and panic.
All lies.
We pretended not to notice.
As if his days
weren't blackened
by absence.
We feigned signs,
weighed his time.
In short,
we each,
in our disjointed selves,
ignorant of darkness,
of the labyrinth,
were getting ready
to rob him
of his death.

•

Il était consumé
par les feux de l'opprobre.
Et bien qu'à l'affût,
nous ne savions saisir
l'orient caché de l'éveil.
Sa grande mutité,
comme une roche parlante,
aurait dû nous éblouir.
Il aimantait en secret
les ricochets de la lumière.
Mais nous étions
des enfants,
effrayés par l'immobile,
écorchés par l'absence
première.

•

He was consumed
by fires of disgrace.
And though we lay in wait,
we couldn't grasp
the veiled orient of his waking.
His great unuttering,
like a vocal stone,
should have dazzled us.
He secretly magnetized
caroming light.
But we were
children,
frightened by inertia,
flayed by primal
absence.

•

Depuis peu,
il se taisait,
comme un être
de connivence avec les âmes.
Derrière son apparence,
il y avait des largesses
de patience,
et la tension
du consentement.
Pourquoi,
malgré son souffle obscur,
n'aurait-il déployé
les puissances de l'esprit
qui a brûlé ses ombres.
L'amplitude de l'alliance
devait finir par transmuer
le corps même.
Il semblait parfois
suspendu auprès de nous,
déjà initié
à l'élévation.

•

Recently,
he'd quit talking,
like a creature
conspiring with souls.
Behind his appearance,
lay largess
of patience,
and the tension
of consent.
Why,
despite his sombre breathing,
didn't he display
the powers of wit
that once burned off his shadows?
The fullness of the fusion
would at last transmute
his whole body.
Sometimes he seemed
suspended beside us,
initiated by now
into elevation.

•

Il arpentait sans cesse
ses nuits.
La vie lui semblait
si ténue
qu'il n'aurait su
la feuilleter.
Un climat s'installait,
où les raideurs
dominaient,
où les roses
ne sécrétaient plus
que de la suie.
Il était en marge,
sur sa couche,
solidement impassible,
tout entier
dans ses défigurations,
secoué nuit et jour
par des pulsations
insensées.
Qui n'eût senti
alors
que des orties
lui frottaient
la conscience?
Penser, maintenant,
était souffrir.
On traquait
son dernier talisman.
Les messages de l'ouvert
ne passaient plus
sons corps.
Tout l'atteignait
par des images livides.
Tout retombait
en poussière.
Ces moments-là,
même sa peau
n'avait plus pitié
d'elle-même.
Une seule figure rôdait,
qui avait fauché
le monde
jusqu'à lui.

•

He paced up and down his
nights.
Life seemed so
tenuous
he'd never have dared
leaf through it.
A climate settled,
a general
rigidity,
where roses
secreted
only soot.
He was marginal,
on his bed,
solidly impassive,
defined
by his disfigurations,
shaken night and day
by senseless
pulsations.
Who'd have guessed
then
that his conscience
was scored
by nettles?
Now, thinking
was suffering.
They were hunting
his last talisman.
Candid messages
no longer got through
his body.
Everything reached him
in raw images.
Everything crumbled
to dust.
When that happened,
even his skin
lost all
self-pity.
A lone figure prowled,
who'd scythed
the world
right to his door.

•

Il a souri un peu
avant de tendre le bras
vers la jeune fille.
Des yeux d'émeraude
à l'horizon,
comme des signes de mer,
l'avaient aspiré.
La jeune fille, de plus,
avait le visage
d'un soleil mêlé de blé,
d'un être
à mort infuse.
C'était une faille
apparente
dans un cercle
d'où il ne pouvait s'enfuir.
Nous avions des mouvements
secrets comme des remous
de sable.
Main dans la main
nous nous taisions.
Rien ne permettait
de sonder le gouffre
entier sous nos pieds.
Lui-même, surtout,
n'était déjà plus
à l'abri du temps,
même du temps imaginaire.
Soudainement,
à notre insu,
il avait pris la posture
d'un foetus
enroulé sur l'absence.

•

He smiled a little
before tendering an arm
to the girl.
Emerald eyes
on the horizon,
like sea signs,
had inspired him.
Besides, the girl
had a face
of sun shot through with wheat,
of a creature
steeped in death.
This was a seeming
break
in a circle
he'd never escape.
We made motions
secret as shifting
sand.
Hand in hand
we held our tongues.
Nothing could sound
the yawning gulf
beneath our feet.
He, especially,
by now stood
unsheltered from time,
even imaginary time.
Suddenly,
before we knew it,
he'd taken the shape
of a fetus
tucked around absence.

•

De son corps
à nos sens,
une intermittence sans fin.
Sans retour.
Il restait comme une pierre
polie par le silence.
La page était blanche
pour les signes à venir.
L'antérieur,
à chaque souffle un peu plus,
réduisait son histoire.
Nous étions fous d'espoirs
et d'abandon,
comme des enfants perdus
sur l'autre rive.
Tenus par notre propre espace
de vivants.
Désaccordés de rythmes
et de langue.
Nos mots n'auraient pu
s'introduire
dans cette parole nouvelle.
Il s'initiait
à la transparence.

•

Between his body
and our senses,
no end to intermittence.
No return.
He lay like a stone
polished by silence.
The page blank
for coming signs.
The preceding
shrank his history
bit by bit with every breath.
We were wild with hope
and abandon,
like children lost
on the far shore.
Sustained by our own space
for the living.
Discordant in rhythms
and tongue.
Our words could never
impinge
on this new speech.
He was initiating himself
into transparency.

•

Il acceptait,
depuis peu,
la tâche illimitée
de se délester du mortel.
Il n'y avait d'autre
chemin
que la passerelle
de l'effroi.
La violence du corps
soudaine
bridait
ses moindres actes.
L'inconnu devant
avait la profondeur
d'un trou noir.
Il ne rêvait plus
d'asile
pour s'oublier.
Il maîtrisait
sa nudité
sans avoir pitié
de lui-même.
Nous étions
de bien légers témoins,
tremblotant
comme une flamme.
Qu'était cette mort
qui l'avait pris
en charge?
Sa présence
avait la froideur
d'un bleu invisible.
Elle allait en lui
sans faire
de l'ombre,
sans éclat.
Elle avait tout
d'une force
parfaitement
silencieuse,
parfaitement
incroyante de la réalité
du monde.

•

He'd recently
assumed
the limitless task
of shedding mortality.
The only road
crossed
a footbridge
of fear.
Corporeal violence
suddenly
curbed
his every act.
The unknown ahead
was deep
as a black hole.
He no longer dreamed
of refuge
in oblivion.
With no
self-pity
he took charge of
his nakedness.
We were
featherweight witnesses,
flickering
like a flame.
What was this death
that had taken
him in tow?
Its presence
was cold
as invisible blue.
It caused
no shadow
entering him,
no flash.
It showed
a perfectly
silent
power,
perfectly
unconvinced of the reality
of the world.

•

Tel un buisson
contre terre,
son souffle
attirait le vent,
les ébats des ailes.
Le monde gravitait
autour de sa bouche,
qui n'aurait pu retenir
la vie fuyante.
Nous aurions dû
nous réjouir
comme des mouettes
prenant la lumière.
Sa vie s'accomplissait.
Avec quelle gravité ...
Mais tout
nous rendait aveugles.

•

Like a bush
hugging earth,
his breath
lured the wind,
frolic of wings.
The world spun
round his mouth,
which couldn't constrain
fleeting life.
We should have
rejoiced
like gulls
catching light.
His life was winding down.
With such gravity ...
But it all
blinded us.

•

Un faux matin
pour nous
s'installait
autour de lui.
Quelle lumière
aurait pu tonner
dans son oreille,
imprégner
ses ombrages?
Ce matin-là,
la vie cédait
à la vie.
Le temps se crispait
dans un autre espace.
Malgré l'aube,
le froid étranger,
en lui l'intangible,
en lui travaillait
comme l'ultime
augure.
Une pierre poreuse
captait sa lumière
trop forte pour le corps.
Dans quel dédale
s'oubliait-il?

•

A false morning
to us
set up
around him.
What kind of light
thundered
in his ear,
saturating
his shadows?
That morning,
life gave in
to life.
Time clenched
in an other space.
Despite dawn,
a strange coldness,
the intangible,
toiled within him
like the ultimate
omen.
A porous rock
captured his light
too bright for the body.
In what labyrinth
was he losing himself?

•

Dans sa bouche
le faisceau d'air
travaillait
telle une blessure.
A chaque bruit c'était,
eût-on cru,
l'appel au passage.
Puis le dernier souffle
s'était dissous
dans l'invisible.
Avalanche brutale du vide.
N'irradiait plus,
au pourtour du visage,
que l'aura
de la claire miséricorde.
La déchirure éternelle
était accomplie.
Il ne maintenait déjà plus
ce qu'il avait été.
Par quel abîme,
au même moment,
passait son être véritable?
Ne restait sous nos yeux
qu'une image desséchante,
irrespirable.
La mort l'avait saisi.

•

In his mouth
the bundle of air
worked
like a wound.
It seemed as if
every noise was a
call to cross over.
Then the final breath
dissolved
in the invisible.
Brutal avalanche of emptiness.
In the face's periphery
nothing radiated
but the aura
of limpid mercy.
The eternal rending
was done.
By now he'd lost control
of what he'd been.
What abyss
did his being pass through
at that moment?
Nothing left for our eyes
but a dessicating image,
stifling.
Death had clasped him.

•

Sans bruit
il s'était renversé
dans la nuit des temps.
Tout paraissait clair.
Comme si l'esprit
avait quitté l'arche
unique au-dessus du monde.
D'une parole
la mort l'avait
désencagé
de ses entrailles,
de sa souffrance
obstinément
entassée.
Le temps était enfin
rentré dans son cercle.
Mais l'air, pour autant,
n'était point pourpre.
Nuls scintillements
ne marquaient
son parcours.
Et pourtant le silence
dans la chambre
avait une fermeté
lumineuse.
Nous allions, venions,
alentour, envoûtés,
comme des étrangers
à l'abandon.

•

Soundless
he'd tipped
into the night of time.
Everything seemed clear.
As if the spirit
had quit the singular arch
above the earth.
It took one word
for death
to disencage
his entrails,
his stubbornly
heaped
suffering.
Time had come home at last
to its circle.
Even then, the air
was not at all crimson.
No scintillation
marked
his passage.
And yet the silence
in the room
was firm
as light.
We were going, coming,
back and forth, bewitched,
like derelict
strangers.

•

Si le visage scellé
un seul instant
avait dégagé l'esprit?
Peut-être aurions-nous
croisé ses pensées
avec des flammes.
Ou lui aurions-nous offert,
sous ses yeux,
un long instant de mer ...
«Tu ne dois pas partir».
Or tout restait muet
avec une pesanteur de marbre.
Le printemps se frappait
en vain aux pupilles.
Une peau blanchâtre
suintait
de terreur.

•

What if the sealed face
had loosed the spirit
for a mere second?
Perhaps we would have
crossed his thoughts
with flame.
Or would we have offered
his eyes
a lingering moment of sea ...
'You mustn't go.'
But everything stayed mute
with the weight of marble.
Springtime beat helplessly
against pupils.
A palid skin
oozed
terror.

•

Gisant de silence,
il échappait à la roue
des peurs anciennes.
Ou plutôt n'était-il pas
lui-même une pierre allongée,
une île
au-dessus de la nuit?
Le visage se laissait
accomplir.
Il avait perdu l'âge.
Il en fallait si peu,
maintenant,
pour que ses oiseaux
l'emportent ...
Un simple lever d'astre
au sommet de la chambre ...
Il n'attendait rien d'autre
pour se dresser
en sa lumière
et nous quitter.

•

Recumbent with silence,
he evaded the rack
of ancient fears.
Or wasn't he more like
a supine stone,
an island
above the night?
The face
was settling itself.
He'd lost all age.
So little would be needed,
now,
for his birds
to bear him off ...
The simple rising of a star
at the summit of the room ...
That was all he needed
to rear up
in his light
and leave us.